心中有墨，隨便想想

林蒼生◆著

目錄

序　年少輕狂開啟的初心——007

010

012

014

016

018

020

022

024

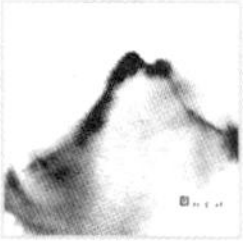
026

028

030

032

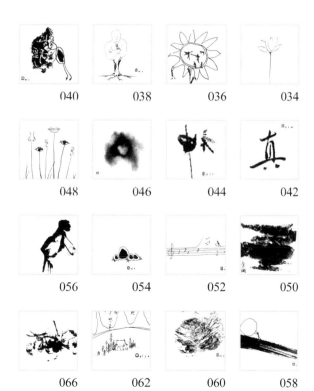

040

038

036

034

048

046

044

042

056

054

052

050

066

062

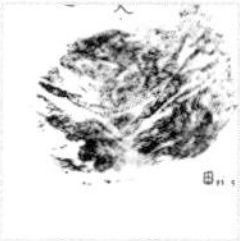

060

058

目　錄

074

072

070
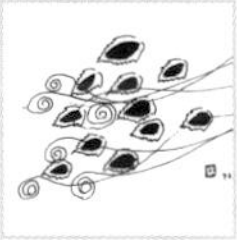
068

082

080

078

076
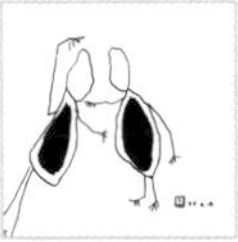
092

090

088

086

100

098

096

094

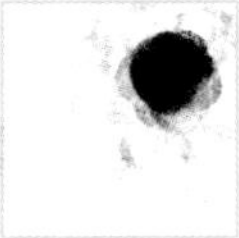

102

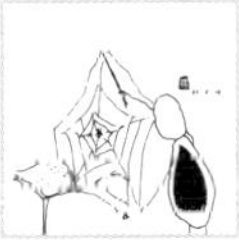

104

後記　從「詩的心情」到「心中有墨」——106

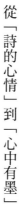

林蒼生

出生於 1943 年，台南市人。
畢業於國立成功大學電機工程學系。
統一企業集團前總裁／董事，
三三會前副理事長／顧問，
三三青年會／總顧問，
台北進出口商業同業公會將帥學院／產業召集人。
著有《隨便想想》、《總裁聞思修：我在統一半世紀的學習》。

1968 年　進入統一企業任職，歷任食品部經理、台北分公司經理、企劃部經理、副總經理，執行副總等職務。
1989 年　就任統一企業總經理。
2003 年　升任統一企業集團總裁。
2013 年　6 月於統一集團總裁任內退休。

在統一企業近半世紀，從企業基層到集團總裁，他將台灣人特有的文化精神，藉由企業內「純喫茶」、「左岸咖啡」、「星巴克」……等產品和品牌，潛入每個人的生活，進入消費者的心中。

序

年少輕狂開啟的初心

我大學時期讀的雖然是理工科，卻愛舞文弄墨，還在當兵就創辦了《草原雜誌》，並以「源自傳統，傲視現代」為《草原》宗旨。沒想到沒多久就把父親給的資金花光了。當時父親並沒責怪我，他的寬容反而讓我學會了感恩，也磨掉了我年少輕狂的傲氣。之後父親安排我進入剛在台灣開展業務的統一集團工作，一待就是五十個年頭。

剛進入統一時，不到三十歲的我，雖然已經減少許多辦雜誌時的狂傲脾性，但心中仍常有些意念想要抒發，每遇到這樣的態勢，我就會隨手在一張張的小卡上寫出並繪出當時的所思所想，時間一久，也累積了數十張。

這些圖像和文字映照出青年時的我，最純粹的感受與心境上的變化。往後數十年在統一的工作推進中，每當遇到困頓時，這些小卡成為我隨時拿出照看的「初心」；讓我在外在複雜「有」的世界與內在單純「無」的世界中來去自由，這是生活或生命很重要的學習。

此次這本書呈現的內容，便是這四十六張小卡的原貌，同時結合我在《隨便想想2.0》一書中的觀點，將這些小卡中蘊含的意義做些延伸的闡述。當然，你在看小卡上的文字和圖像時，或許會有自己不同的心領神會，那也是很好的。就像莊子說的「遊心於淡」，要以悠遊的心面對生命中的每一件事，而不要太嚴肅。

我的鏡子裡面，
有許多古老的故事，
他們在我的心中長大，
在我的眼睛衰老，
在我的手中慢慢消散，
變成一聲
無可奈何的天籟。

隨便想想

當內在的自己與外在的自己能平衡和諧地相處，
這時，沒有任何妄念、情緒或期待的干擾，
把自己安住在安安靜靜的當下，
只存在著心靈明亮的覺知。

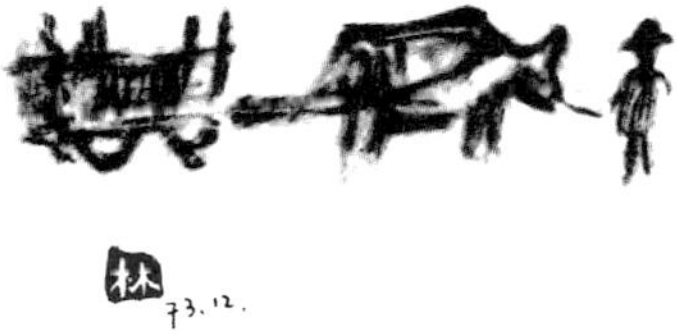

我的鏡子裏面，有許多
古老的故事，他們在我的心中
長大，在我的眼睛衰老，
在我的手中慢慢消散，
變成一聲
無可奈何的天籟。

啊，親愛的花朵，
你總算又知道了一件事：
你聽到了那漂浮
在寂靜裡的
遠遠的呼聲，
你不說一句話，
你竟這樣
隨著那個聲音
去了。

隨便想想

想瀟灑地走這一趟人生，並不容易。

人生漫漫，一定有許多意想不到的挑戰，

沒有挑戰的人生，軟綿綿的，不會精彩。

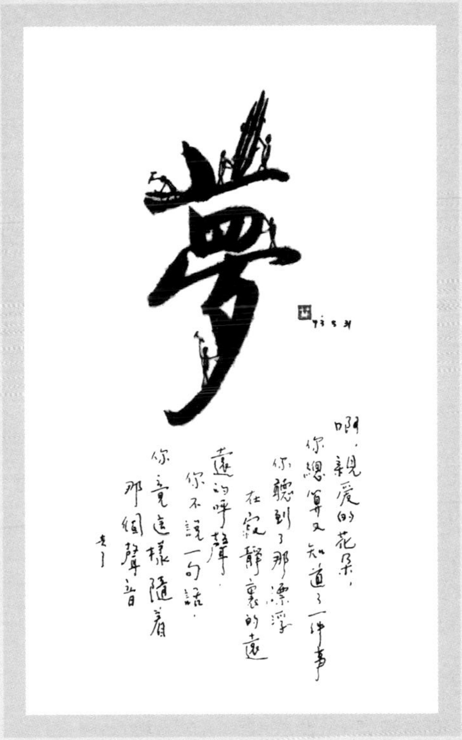
夢
93 5 31
啊，親愛的花朵，
你總算又知道了一件事
你聽到了那漂浮
在寂靜裏的遠
遠的呼聲，
你不說一句話，
你竟這樣隨着
那個聲音
去了

老僧孤坐心雖閒，
不比小花開山間，
花秀山靈兩不語，
老僧心裡有雲煙。

隨便想想

我們應該訓練自己，時時只在當下，
以當下的覺知，關照眼前的物事。
像嬰兒那樣，
只在第一念的初心上，安身立命。

老僧孤坐心難閒
不比小花開山間
花秀山灵雨不語
老僧心裏有雲煙。

73' 5 13

一隻小鳥飛來，
停在我的窗上。
看牠的羽毛已溼，
並吱吱地對我哀叫。

我忽然感到迷茫，
恍彿自己也立在窗上，
朋友啊，
何不進來，讓同病的一起歌唱。

隨便想想

念頭有兩種，
一種是我作主的念頭，
一種是我不能作主的念頭。
前者是覺知，後者是妄念；
覺知清明，時間不存在，
妄念昏暗，人就受制於時間。

一隻小鳥飛來，
停在我的窗上，
看來的羽毛已濕，
並吱吱地對我哀叫。
我忽然感到迷茫，
彷彿自己也立在窗上
朋友啊，
何不進來，讓同病的一起歌唱。

那個人告訴白雲說：
「停下來吧！讓我告訴你什麼叫做完美。」
白雲不會說話，
那個人就在沒有話說的那個地方
變成一朵白雲
跟著去了。

隨便想想

無所住而生其心，
引導人們在外在複雜「有」的世界
與內在單純「無」的世界中來去自由。

那個人告訴白雲說：
停下來吧！讓我告訴你
什麼叫做完美。
白雲不會說話。
那個人就在沒有話說的那個地方
變成一朵白雲跟著去了。

想一想，
想一想有什麼方法，
可以用這些有限的字句，
使自己飄逸，
使別人動心，
使大地充滿了
詩的心情。

隨便想想

觀察愈細密，全身就愈鬆軟，
會有一種充滿希望的感覺由內升起，
自然而然在臉上掛著微笑，
看外面一切都覺得很美。

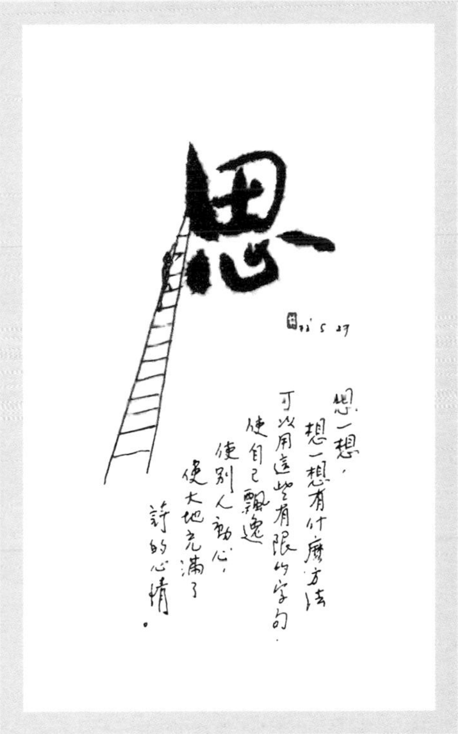
思
73.5.27
想一想，
想一想有什麼方法
可以用這些有限的字句，
使自己飄逸
使別人動心，
使大地充滿了
詩的心情。

要學習
不成熟的青年
以不成熟的
羞澀
敬愛大地。

隨便想想

除了我們每天看到的太陽，

在我們的內在還有另一個太陽默默地存在著。

它需要人來喚醒，才會光明亮起來，

來與外在的太陽相輝映。

要學習，
不成熟的青年
以不成熟的
羞澀
敬愛大地。

世界
如果沒有空間，
鳥一定要在我的心裡飛。
世界
如果沒有鳥，
天空一定有我在翱翔，
因為寬闊就是真理，
沒有寂寞的可能。

隨便想想

人可以改變未來的世界，
當然人也可改變自己，
改變自己的生命往更美好的方向邁進，
這是人所以為人的終極使命。

世界
如果沒有空間
鳥一定要在我的
心裏飛
世界
如果沒有鳥
天空空有我
在翱翔，因為
寬闊就是血裡
沒有寂寞的可能，
林
73'

我看一山，我的心裡有山，
我不看山，我的心裡也有一山，
故不論看或不看，
我的心中都有一山的存在。
我看山時，必將山推入潛意識裡
與其他的渾沌一起觀看。
此時山逐漸變成我心中的一部分，
將此一部分，在一個忽然而來的時候
信手畫出，寫在紙上，
於是我的心靈復歸平靜，
竟成山的一部分。

隨便想想

當內心沒有烏雲，心靈晴空萬里，
在寧靜中，內在與外在的界線會消失。
跟喝咖啡一樣，
界限消失時，心聲便可直達天聽。

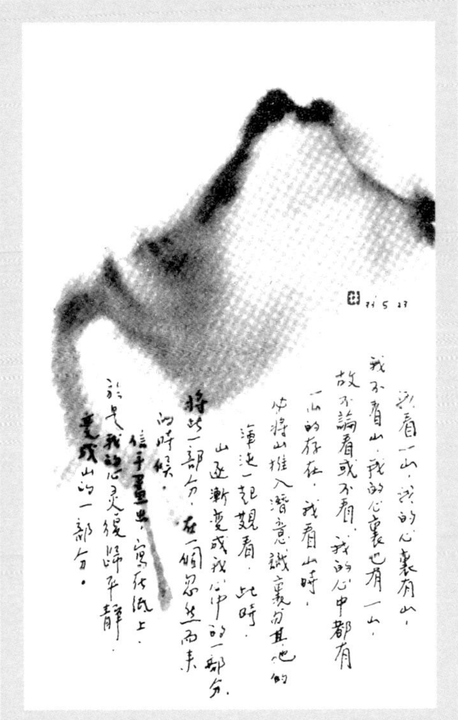
73 5 23
我看一山，我的心裏有山，
我不看山，我的心裏也有一山，
故不論看或不看，我的心中都有
一山的存在，我看山時，
也將山推入潛意識裏與其他的
筆法一起觀看，此時，
山逐漸變成我心中的一部分，
將此一部分，在一個忽然而來
的時候，
信手畫出，寫在紙上，
於是我的心靈復歸平靜，
變成山的一部分。

每當我對著山凝神，
就有一種聲音好像在告訴我，
你想知道的全在我的裡面了，
慢慢地想吧！
寂靜能使你了解我所了解的東西，
可是，當我站在海的前面凝神，
那個聲音卻變成「不要想，不要想」，
快樂比智慧更聰明。
現在，我站在山與海的中間，
我不知道怎麼辦。

隨便想想

財富並非罪惡，欲求也非邪門，
只是我們面對財富，面對欲求的方式，
需要重新調整而已。

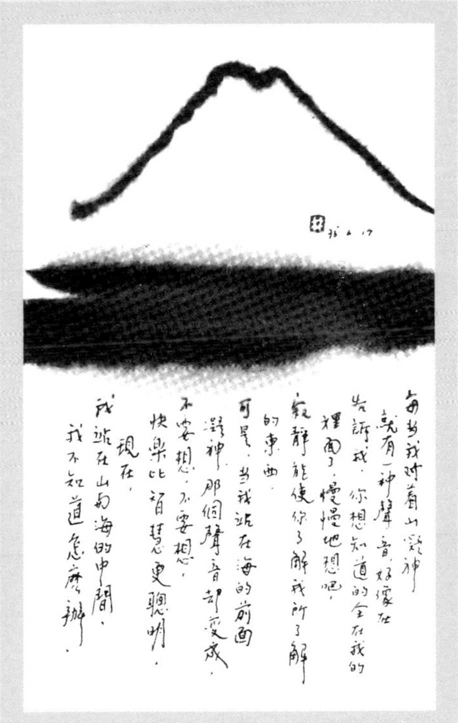
75.6.17
每當我對着山凝神
就有一种聲音，好像在
告訴我，你想知道的全在我的
裡面了，慢慢地想吧，
寂靜能使你了解我所了解
的東西。
可是，當我站在海的前面
凝神，那個聲音却變成
不要想，不要想，
快樂比智慧更聰明。
現在，
我站在山和海的中間，
我不知道怎麼辦。

我坐在山上看海，
彷彿山與海就在我的身上連接，
我的眼睛充滿了連接線，
在變成完整的過程上
所應有的片斷、彎曲、與美感。
我坐了很久才回來，
只留在山上那一句：
「山是對的，
所以海每天掙扎著要接近它。」

隨便想想

天人合一不是一個虛幻名詞。
我們可以試試坐下來、放鬆，
看向無限遠的虛空，
也深入無限深的內心深處。
我們的覺知會感覺到在這兩個無限的地方
似乎完全一樣。

我坐在山上看海，
彷彿山和海就在我的
身上連接，我的眼睛
充滿了連接線 在變成完整
的過程上所應有的片斷，
彎曲，與美感，
我坐了很久才回來，
只留在山上，那一句：
"山"是對的，
所以海每天掙扎著
要接近他。。
93.6.6

設想以酒磨墨，
使墨色在詩章裡
帶有七分的醉意，
那真是很痛快
的一層
境地了。

隨便想想

大自然有一種看不見的韻律在流動，
跟著這韻律流動，
我們的細胞或基因才會充滿生機。

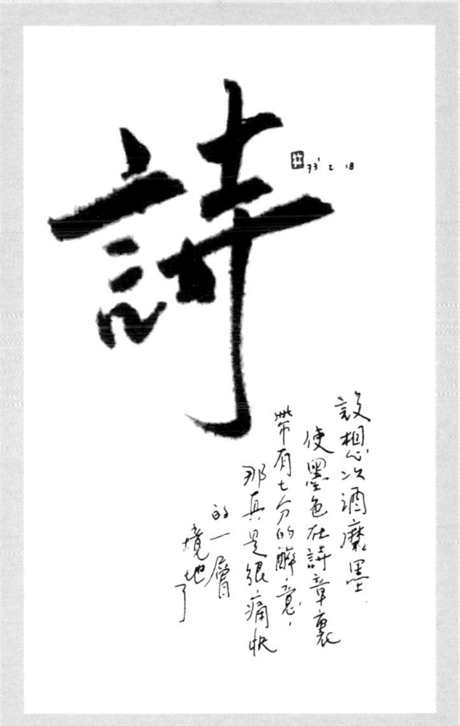
詩
73.2.18
設想以酒磨墨
使墨色在詩章裏
帶有七分的醉意，
那真是很痛快
的一層
境地了

能不能像一朵睡蓮，
在忘我的時候，
還帶有孤傲的風姿。
使自身的形影
撐在污泥之上，
慢慢變成一種
獨自擁有
的完美境界。

隨便想想

當「無我」等同「大我」，
自性的實相等同於佛。
於是心靈豁然開朗，與開悟相似，
這是禪之用。

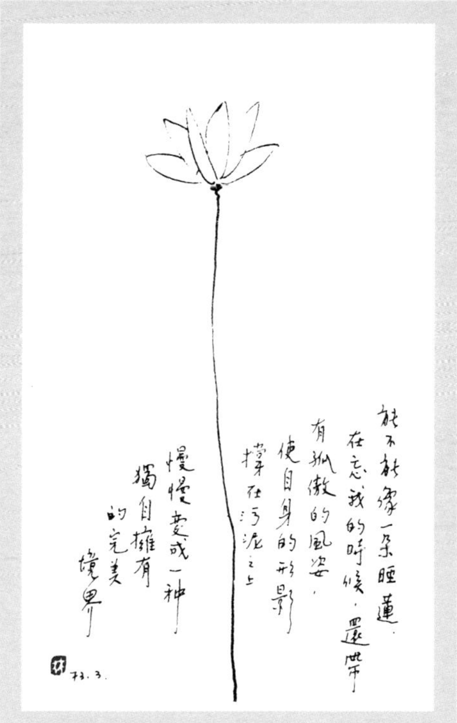
能不能像一朵睡蓮
在忘我的時候，還帶
有孤傲的風姿，
使自身的形影
撐在污泥之上
慢慢變成一种
獨自擁有
的完美
境界
73.3.

如果你相信
春天是大地的謊言。
那麼你就知道，
美麗的感覺
為什麼會那麼
備受寵愛了。

隨便想想

金剛經的「應無所住而生其心」，
「無所住」是指不被意識心牽住，
而「生其心」是呈現本心來看世界。

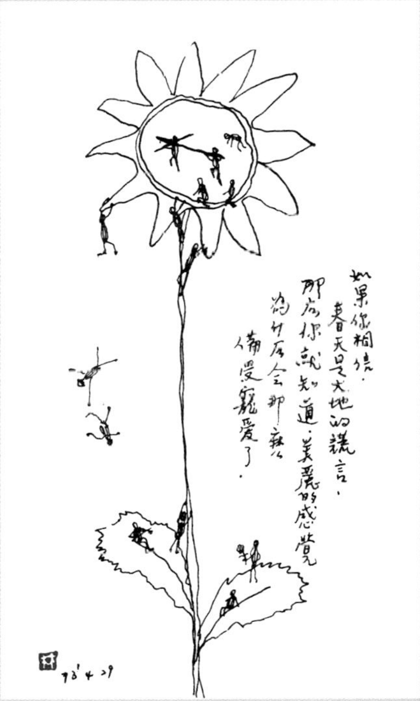
如果你相信，
春天是大地的謊言，
那麼你就知道，美麗的感覺
為什麼會那麼
備受寵愛了。
93.4.29

要不要
摘一朵花，
看它比你早一點凋謝，
看它宛然是神的痕跡。
以殘留的片斷
告訴這個世界，
你尚有一刻，
永恆的現在。

隨便想想

分別心是妄念，占有心是妄念，
不讓妄念滋生，
隨時保持愉悅樂觀的正能量心態，
生命就會往更高層次的次元提升。

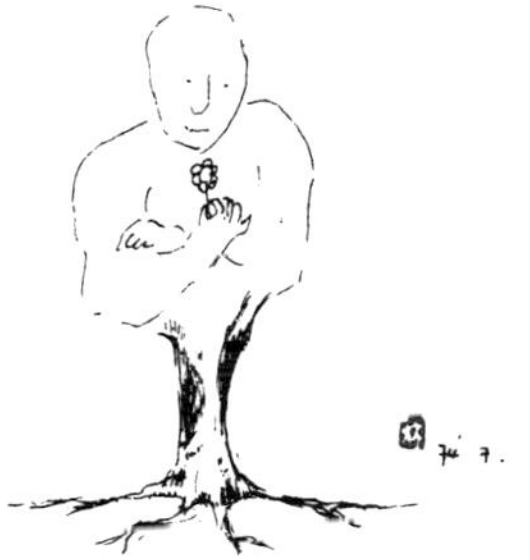

要不要
摘一朵花
看它比你早一點凋謝
看它婉然是神
的痕跡
以殘留的片斷
告訴這個世界
你尚有一刻
永恆的現在。

每當我握緊了這塊石頭冥思，
我總會有一個已經進入石頭
與這石頭的裡面合成一體的感覺。
我的血液流入石頭的裡面，
我的呼吸在裡面沉澱。
我寧靜地自視，
好似
寧靜是唯一的美感。
我告訴人們：
「看一看石頭吧！它擁有一切。」

隨便想想

安靜是進入智慧的門，

心不安靜，將永遠與宇宙初始的大能接不上線，

也與宇宙的智慧斷了連接。

我們必須時刻保持心靈的安靜，

智慧才會源源而出。

每当我握緊了這塊石頭瞑思，
我總会有一個已經進入石頭，
與這石頭的裏面合成一体的
感覺。我的血液流入石頭
的裏面，我的呼吸在裏面沈澱
我寧靜地凝視，
好似，寧靜是唯一的美感。
我告訴人們：
看一看石頭吧！它擁有一切。

有句意則明，
無句心如燈，
隨便路上走，
有無皆天真。

隨便想想

當沒有妄念覆蓋的心與宇宙純粹能量相接時，
智慧就產生了，這樣才能使心中長生智慧。
所以智慧或靈感都是天的恩賜，
不是人為的努力所能及。

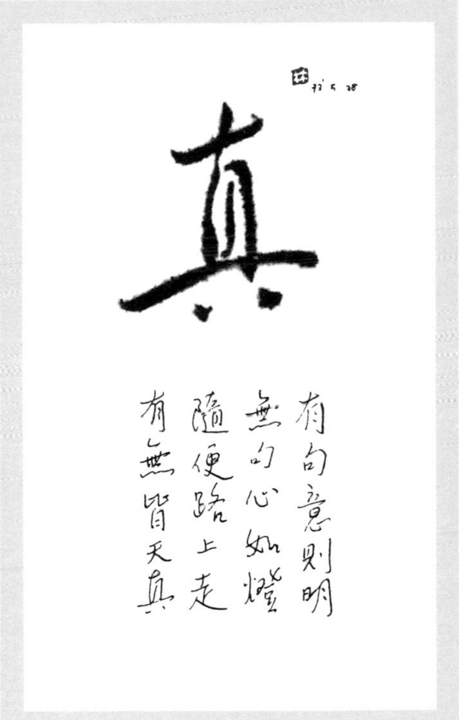
73.5.28
真
有句意則明
無的心如燈
隨便路上走
有無皆天真

就像我們只能
從月亮來偷看
太陽一樣，
不論你怎麼努力，
你只能偷看到
神的背面。

隨便想想

生命是如此奇妙，

我們愈往內探索，

愈能體會生命真正的真相。

我們如果只停留在物質的外在世界，

那是很膚淺的認知。

就像我們只能
從月亮來偷看
太陽一樣，
不論你怎麼努力
你只能偷看到
神的背面。

在心靈起而創造意識之前，
萬物均在混沌之中。
所以，
說不定
明朗就是迷濛
的凋謝。

隨便想想

給自己一分鐘的空檔，
安靜地靜下心來，
然後由心底浮起一絲微笑，
帶著微笑做事去。
這樣，做事的品質將會提升很多。

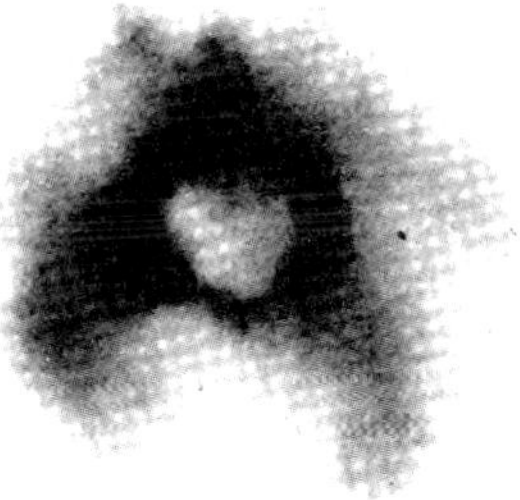

93' 5 26

在心靈起而創造之意識
之前，萬物均在
混沌之中
許一，混不定
明朗就是迷濛
的凋謝。

這裡沒有玫瑰，
請莫帶來你折花的心情。

隨便想想

只在意識第一念初心上跟著時間的移動而移動，
不要有分別念，不要有占有欲，
隨遇而安，這才是正確的思想方法。

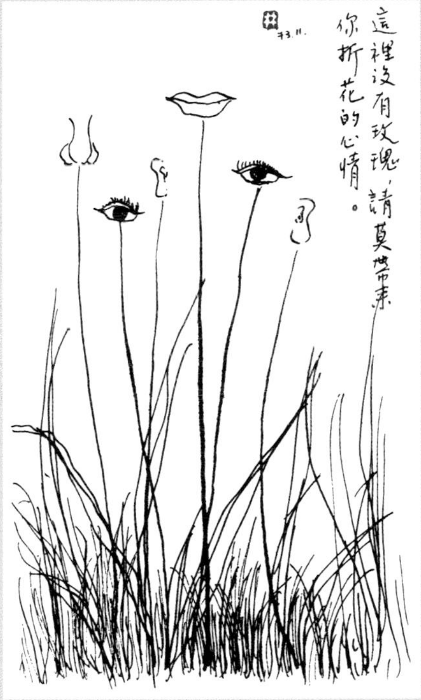
這裡沒有玫瑰，請莫帶來
你折花的心情。
73.11.

意識
是一個小島，
小島伸向四方，
卻有一空的界限。
界限有時候清晰，
有時候模糊，
於是
美感就從
這裡
產生了。

隨便想想

靜靜地面對著咖啡，
漸漸把自己融入那咖啡的煙中，
直到好像我與咖啡成為一體時，
只有寂靜存在。

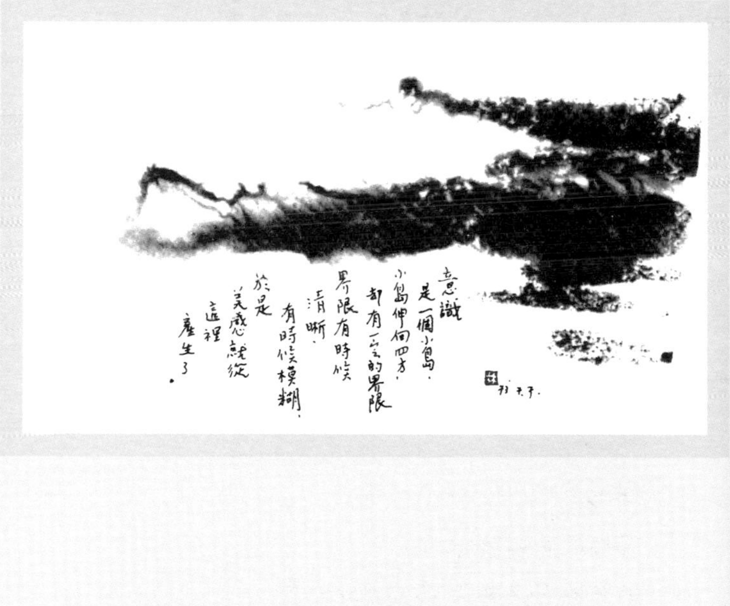
意識
是一個小島，
小島伸向四方，
都有一定的界限
界限有時候
清晰，
有時候模糊，
於是
美感就從
這裡
產生了。

為聽一聲弦斷音，
畫破心靈傾耳聽。
楚痛剛好填文字，
鮮血滴處血長青。

隨便想想

五官之外尚有一個「意」，

意識很不容易管理，

意識產生的妄念容易使人執著，

妄念與執著阻擾了天線，

使人的心靈不能與宇宙心靈相接。

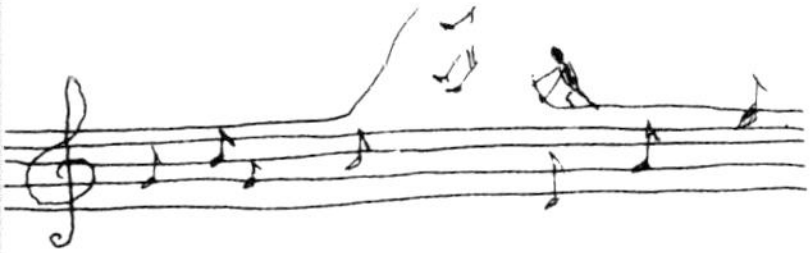

73' 5 11

為聽一聲弦斷音
畫破心靈傾耳聽
楚痛剛好填文字
鮮血滴處血長青

有時候停下腳來，
看看那幾塊幽閒中
帶有幾分頑固的石子，
就會一下子笑起自己的稚氣來。
我說不出來為什麼，
也許這是跟早上的風
與晚上的沉默有關的
那一件事體吧！

隨便想想

讓自己的五官、五臟，
甚至細胞都能自己呼吸。
我們的肉身幾乎都是空隙，
讓體內空隙與體外空間自在交流，
像呼吸那樣，不用刻意。

有時候停下腳來
看看那幾塊幽閒中
帶有幾分頑固的石子
就會一下子笑起自己
的稚氣來、
我說不出來為什麼、
也許這是跟早上的風
與晚上的沈默有關的
那一件事情吧！

就是北京人，
必定也有同樣的負荷。

隨便想想

母親的心跳與血液流動的韻律，
是我們生命中聽到的第一個聲音，
它包藏在意識裡永久長存，
這是為什麼聽到搖籃曲或鄉音，
會覺得非常親切的原因。

就是北京人必定也有同樣的負荷
73 5 13

心靈的負荷，
就像那古老的故事，
雖然業已精疲力盡，
但精疲力盡還只是開始，
我們沒有休息的時候。

隨便想想

嬰兒的純真沒有妄念，
嬰兒長大了，意識逐漸複雜，
記憶累積成觀念，觀念又逐漸成為意識形態，
觀念與意識形態又成為每個人的偏見與成見，
這才是思想的病根。

33.4.29

心靈的負荷
就像那古老的故事，
雖然業已精疲力盡，
但精疲力盡還只是
開始，
我們沒有休息的
時候。

我喜歡石頭，
只因那是千年的痕跡，
千年裡包容著大地的禪聲，
也含納了風月古老的記憶。
我緊緊握著這千年的石頭，
直到那涼涼的感覺完全消失，
我才再一次醒悟，
原來生命就是這麼一段
以這無可奈何的心酸為代價的
消失過程啊！

隨便想想

當一個人心不起分別念，心就明，叫「明心」。
而當心不起分別念時，
心靈裡的空性就會顯現出來，叫「見性」。
金剛經提示心無所住就是空性。
在空性中呈現純淨的心，這是心靈的內在空。

我喜歡石頭，只因
那是千年的痕跡，千年裏
包容着大地的禪聲，也含納了
風月古老的記憶，
我緊緊握着這千年的石頭，
直到那涼涼的感覺完全消失，
我才再一次醒悟，
原來生命就是這麼一段，以這
無可奈何的心酸為代價的
消失過程啊。

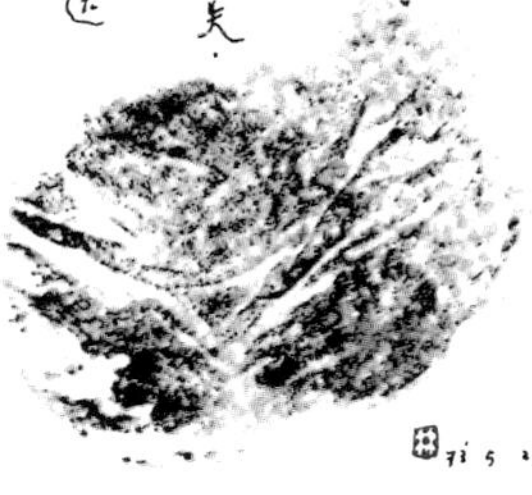

73 5 27

從前有一隻太陽鳥，
不吃蟲，也不吃草，
只吃太陽的光線長大。
牠不說話，
只喜歡在飛行的時候，
默默地想。

有一天，
牠悠悠地飛著，
想時間沒有翅膀，為什麼能飛得那麼快？
想月亮的光線為什麼不好吃？

想為什麼牠的族類到達一定的時候
就會一陣高鳴，
在太陽的火焰裡消失？
飛行是最美麗的事嗎？
為什麼人類有悲傷，太陽鳥就沒有？
那麼悲傷一定也是非常美麗的一件事了，
想清風何以無影？
想樹枝怎麼能忍得住寂寞？
想人類沒有思想，他們的生活是怎麼過的？
想那被抽象化了的魚的故事，
想小草、想水仙、想春花、想寒雪、想死亡。

想到這裡，
忽然一陣衝動，
一聲高鳴，
牠就在太陽的火焰裡消失了。

隨便想想

當我們閉起眼睛，
只看到黑茫茫一片，像晚上海洋。
海洋表面波浪起伏是我們的表面意識，
海洋的底層深不可測是我們的潛意識。

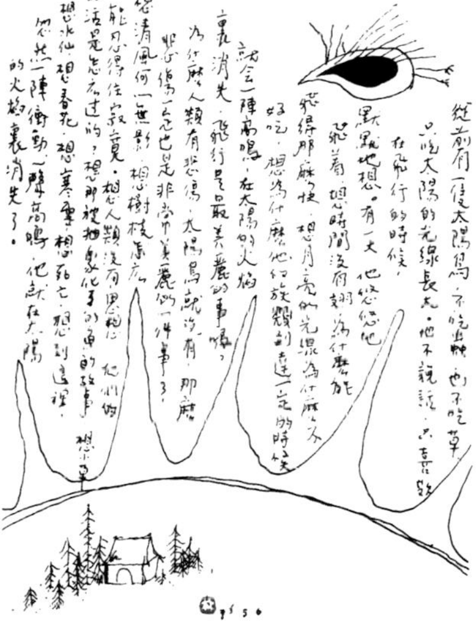
從前有一隻太陽鳥，不吃蟲，也不吃草，
只吃太陽的光線長大。他不說話，只喜歡
在飛行的時候，
默默地想。有一天，他想想他
飛著，想時間沒有翅，為什麼能
飛得那麼快，想月亮的光環為什麼不
好吃，想為什麼他們旋繞到達一定的時候
就會一陣高鳴，在太陽的火焰
裏消失，飛行是最美麗的事嗎？
為什麼人類有悲傷，太陽鳥就沒有，那麼
悲傷一定也是非常美麗的一件事了，
想清風何以無影，想樹枝為何
能忍得住寂寞，想人類沒有思想，他們的
生活是怎麼過的？想那被抽象化了的魚的故事，想小草
想水仙，想春花，想寒雪，想死亡，想到這裡，
忽然一陣衝動，一聲高鳴，他就在太陽
的火焰裏消失了。

沒有多少人知道，
清狂可以舒傲，可以忘憂，
可以目光如炬，
也可以在一個寂寞的時候
殺滅自己，怒放光芒
了斷三千說不出的
悲哀。

隨便想想

當我們調整心念，同時也在調整韻律，
當心靈寧靜到韻律與天地相近時，
禪宗所說的「啐啄同時」的火花就會發生。

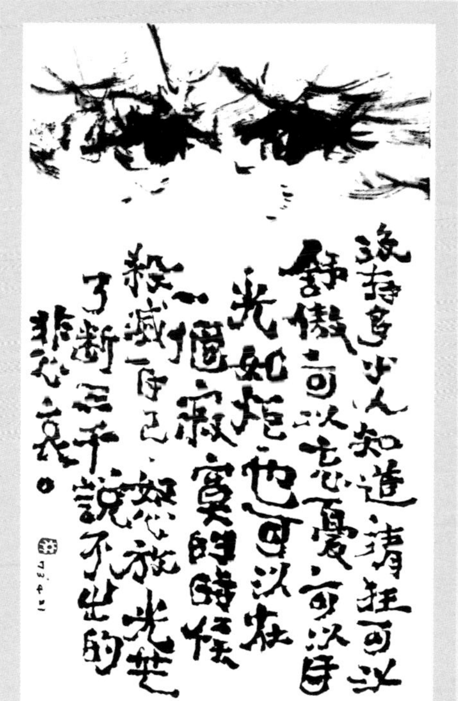
逸詩多少人知道，清狂可以
舒傲，可以忘憂，可以日
光如炬，也可以在
一個寂寞的時候
殺滅自己、怒放光芒
了斷三千說不出的
悲哀。

葉戀秋風
跟它飄盪著去了
只留下
秋風後，
新芽的惆悵。

隨便想想

我們只要以內在清楚明白的覺知，
關照當下事情的來了又去，
不要理會任何妄念的打擾，這樣就對了。
古人說「雁渡寒潭，雁去而潭不留影」，
就是這個意思。

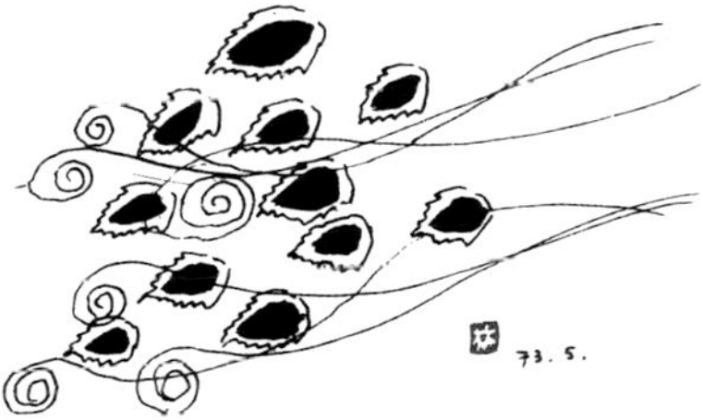

葉戀秋風
跟他飄盪著去了
只留下，秋風後
新芽的惆悵。

多想
像一隻麻雀，
飛個美妙的弧度，
然後一恍而逝，
不留痕跡。

隨便想想

不執於情感，

情感才不會變成溺愛，而轉化為慈悲心。

智慧與慈悲平衡發展，

人在現觀中才能好好地安住在現觀的當下。

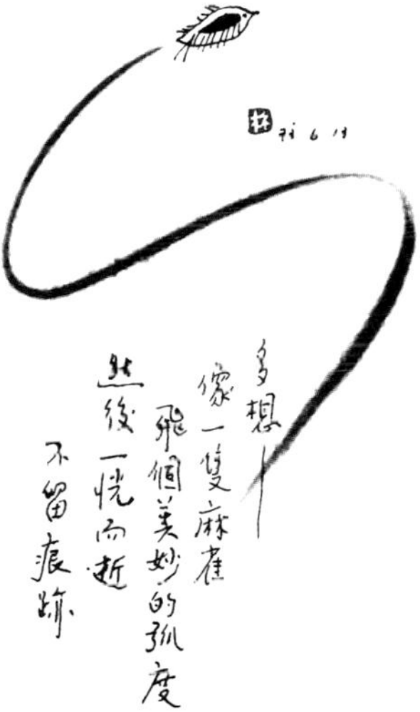
多想
像一隻麻雀
飛個美妙的弧度
然後一恍而逝
不留痕跡

心靈是我的故鄉。

隨便想想

要以悠遊的心態來開放心胸，

生命不要太嚴肅，

要以悠遊的心來面對生命中的每一件事。

心安是我的故鄉

隨便選一個地方，
坐下來，
不要想任何事，
只一直坐著，
直到你可以聽見
細雨滴在衣服上的聲音時，
你就可以知道
什麼是心底的聲音了。

隨便想想

喝咖啡時的寧靜像一面鏡子，
反映出內心世界，讓外在事物在內心沉澱，
使你看到更清楚的自己。

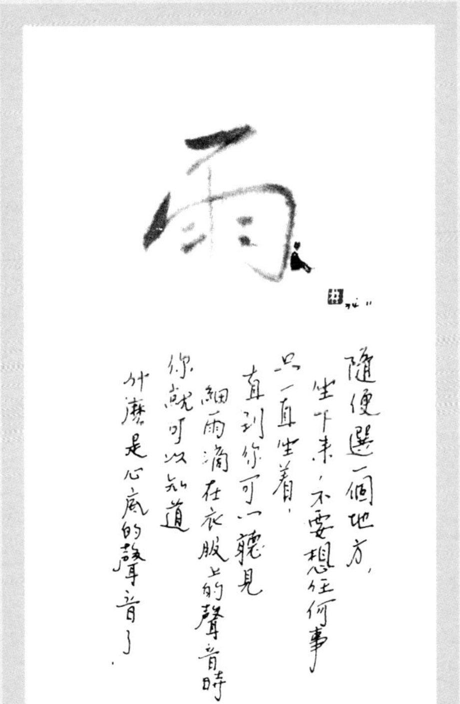
雨
隨便選一個地方，
坐下來，不要想任何事
只一直坐着，
直到你可以聽見
細雨滴在衣服上的聲音時
你就可以知道
什麼是心底的聲音了。

如果你知道
我把這枝花畫了幾次，
那麼你就知道
一種美的尋求，
到底是
如何地痛苦了。

随便想想

在「粹」之外，

日本還有另一自創的詞「侘寂」（wabi sabi），

日文「侘」是指在簡單樸素中的寧靜，

「寂」是放下執著後的平靜胸懷。

因此「侘寂」遂意味著在不完美中，

體會其完美的美學。

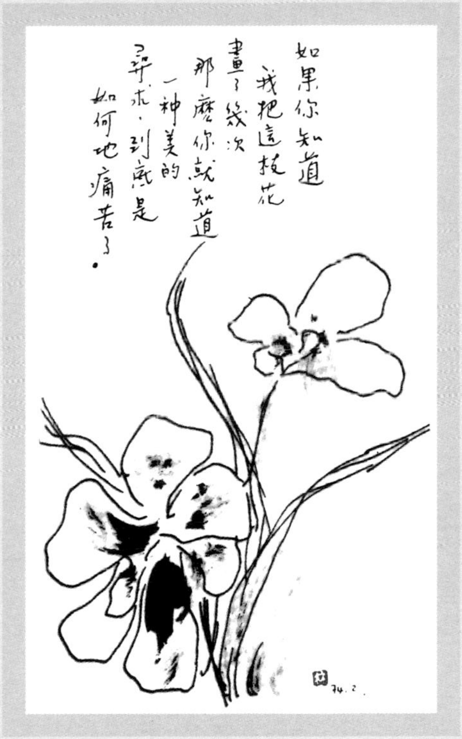
如果你知道
我把這枝花
畫了幾次
那麼你就知道
一種美的
尋求，到底是
如何地痛苦了。
74.2.

實在不必是一種境界，
只想在瞬目的時候，
知道小小的完美，
就是我長久的追尋時，
我願已足。

隨便想想

不僅在成功時要感恩，
在挫折的谷底時也要感恩。
因為只有感恩的正能量，
能使人脫離負能量的谷底糾纏。

實在不外是一種境界
只想在瞬間的時候，知道
小小的喜悅，就是我
長久的追尋時
我願已足。

73 5 17

鳥飛上去了，
因為牠們知道
空間
是什麼。

隨便想想

人要像一棵樹，

樹多大根就有多大，才能頂得住風風雨雨。

人也一樣，

心靈要深且廣才容得下世間冷暖衝擊。

鳥飛上去了
因為他們知道
空間是
什麼。
77.7.6.

一陣風吹來，
在我的眼睛留下名字，
然後吹去。

一陣風吹來，
在我的眼睛留下名字，
然後吹去。

一陣風吹來，
在我的眼睛留下名字，
然後吹去。

一陣風吹來，
在我的眼睛留下名字，
然後吹去。

一陣風吹來，
在我的眼睛留下名字，
然後吹去。

一陣風吹來，
在我的眼睛留下名字，

然後吹去。

一陣風吹來，

在我的眼睛留下名字，

然後吹去。

隨便想想

人的心念讓人可以自由幻想，

可以縱橫於天地之間剎那而至，

這應該是微觀世界的量子現象之一吧！

林 73 6 13

一陣風吹來
在我的眼睛留下名字
然後吹去。

一陣風吹來
在我的眼睛留下名字
然後吹去。

一陣風吹來
在我的眼睛留下名字
然後吹去

一陣風吹來
在我的眼睛留下名字
然後吹去。

一陣風吹來
在我的眼睛留下名字
然後吹去。

一陣風吹來
在我的眼睛留下名字
然後吹去。

一陣風吹來
在我的眼睛留下名字
然後吹去。

忽然看見自己，
恍悟是一山一石的
零落。

隨便想想

宇宙分成「本體界」與「現象界」
兩個精神能與物質化的不同世界，
而現象界的空間、時間與人間百態，
都是從本體界投射出來的幻影，
我們的現實世界
其實只是電影螢幕上的劇情罷了。

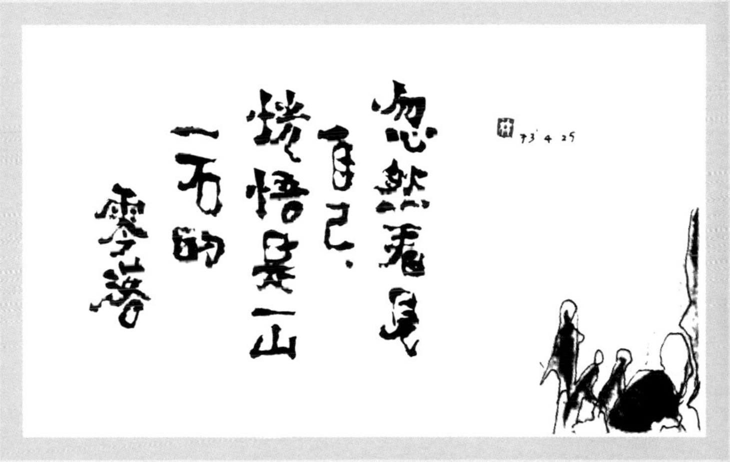
忽然看見
自己、
憬悟是一山
一石的
零落
73' 4 25

不要問我為什麼
人的名字沒有聲音。
他只是牆角無語
一陣寂寞
然後消失。

隨便想想

當晨起微涼，

靜靜的看著一滴露珠，在陽光下消失，

只要夠專注，

人的自我會跟著露珠的消失而消失。

當自我消失，便覺清淨安詳。

不要問我為什麼
人的名字沒有聲音，
他只是牆角無語
一陣寂寞
然後消失。

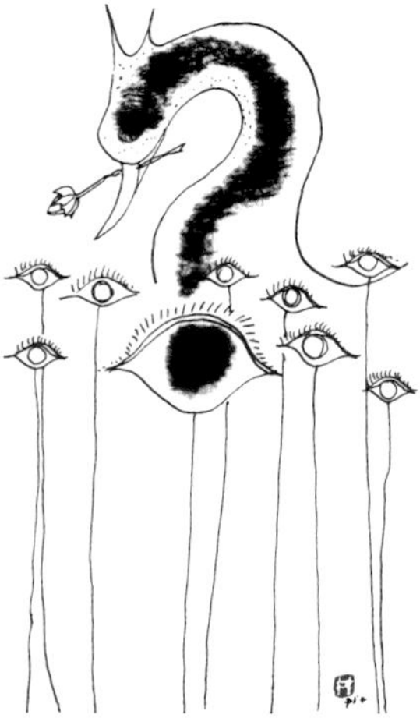

隨便想想

地球很美，

物質與情的誘惑更美。

欲望使我們離不開地球，

輪迴再輪迴無法解脫，

忘了我們只是地球的過客。

「心靈是白色的。」

「錯了，白色的是心靈的影子」

隨便想想

人的心靈像鏡子，

在本體與現象界之間互相映照，

扮演著媒介的角色。

"心灵是白色的。"

"错了，白色的是心灵的影子"

那個人以極大的耐心向我解釋
月亮的形狀與顏色
應該做怎樣的改變。
雖然那數以萬計的理由
聽得我像喝醉了酒似的
很不舒服，
但自從那個人走了以後，
這件事一直在我的心裡震戰，
變成我夢中唯一的
色彩了。

隨便想想

個人的心靈意識既然與宇宙意識是相通的，
如何擴大自己的心量來逐漸與天同高，
與宇宙意識同樣大，
變成很可理解的一個修行方向了。

那個人以極大的耐心
向我解釋，
月亮的形狀與顏色，應該
作怎樣的改變。
雖然那數以萬計的理由
聽得我像喝醉了酒
似的，很不舒服。
但自從那個人走了以後，
這件事一直在我
的心裏震戰，
變成我夢中唯一的
色彩了。

隨便想想

我們可以快樂地與人交往，

也在獨我中，安享那孤寂的自在，

使兩者合而為一才是全意識的生活方式。

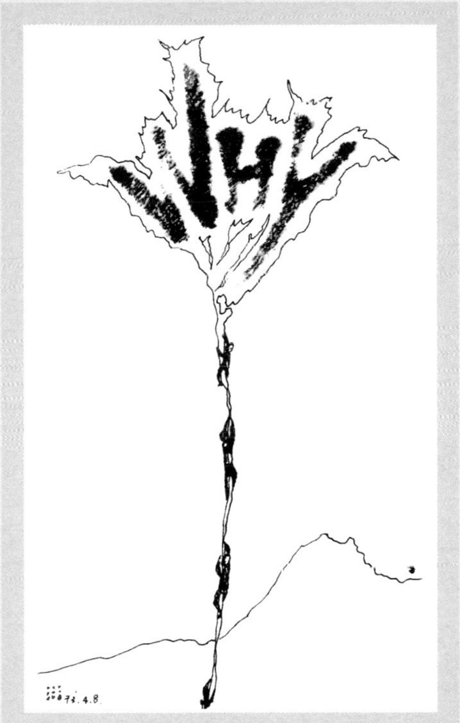
73.4.8.

難道
這種悲劇
是不可避免的嗎？

隨便想想

為名為己的動機是為己，
為己的動機是把箭射向小我。
小我很小，中靶不容易，
如果改為射向大我的動機，
則海闊天空，無處不中靶。

難道這種
悲劇是不可
避免的嗎？
73 k.

那孩子以羞澀的眼光看我，
我忽然有個痙攣的感覺，
那不就是
我等待了很久很久的
神采嗎？
可是想到這裡，
小花卻忽然覺得悲哀起來，
好像它也知道，
悲哀就是對某一件事情
真正地了解似的。

隨便想想

不僅太陽有內外或陰陽兩個，
萬物也都有陰陽兩個，
所以「一陰一陽」是宇宙的真理，
而修行便是在喚醒內在的太陽，
或是熟悉內在的自己。

那孩子以羞澀的眼光看我，我忽然有個痙攣的感覺，那不就是我等待了很久很久的神彩嗎？可是想到這裡小花卻忽然覺得悲哀起來，好像它也知道：悲哀就是對某一件事情真正地了解似的。

「所以我就走了。」
我醒來的時候，
只聽到太陽
這麼說。

隨便想想

放鬆是生命的休止符，
沒有休止符，音不成曲。
生命是一條漫長的路，
慢慢地走，愉快地安享這生命的美好。
喝一杯咖啡吧！
將生命之歌好好唱下去。

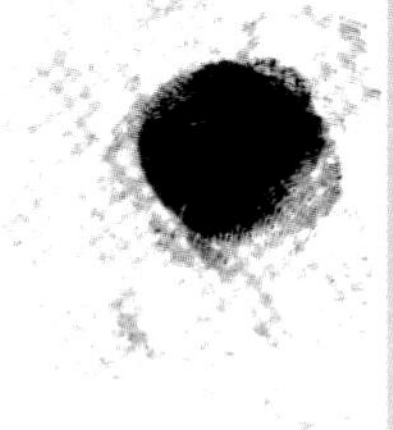

「所以我就走了」

我醒來的時候

只聽到太陽

這麼說．

73.10

美麗的停留，
將不再是美麗，
讓過去的過去，
使自己
在這美麗與美麗交替的過程中
成長，
才是一個藝術家
的態度。

隨便想想

時時以本心關照五蘊皆空，

把內心拈花微笑的喜悅找回來。

林
73.5.17
美麗的停留，
將不再是美麗。
讓過去的過去，
使自己在這美麗
的美麗交替的過程中
成長，
才是一個藝術家
的態度。

後記

從「詩的心情」到「心中有墨」

年輕時，喜歡幻想。這些小卡的畫作，是當年幻想的痕跡。這幻想的習性，影響了我一生。我一直在「詩的心情」裡長大。

我年輕時，流行寫新詩，新詩我看不懂，也不喜歡，我因此不寫詩，只抓住了「詩的心情」。

沒想到，「詩的心情」從此成為我生活的指標。這由心靈抽離出來的指標，使我在統一工作五十年，有不一樣的思維與視角。

詩是一種意念，可以說是比心靈更高的次元。「詩的心情」使我時時看著更高的次元攀拔。我的想法常跟別人不一樣，我常有不同的想法出現。例如我不甘心只做咖啡，咖啡要有故事才是咖啡，這是「左岸咖啡」的特色；我不甘心只做紅茶，我要求在「純喫茶」的包裝上，有了些令人一新耳目的小故事；我不甘是只是一個生意人，我成為不是生意人的生意人。我走遍中國南北，也在中國南北創造了各省不同的食品，提升當地吃的水準，這一切都是幻想的結晶。

所以，請你不要小看這些卡片，要好好「幻想」，跟著幻想裡「詩的心情」走，你將會有不一樣的明天。

很高興小卡片要成集出書了，當初散落的思維像落葉滿地，如今將成為一片綠意盎然的草原。

朋友，你也開始幻想吧！讓「詩的心情」引領你走好美麗的一生。

一字一句·一思一行

今日的積累·明日的能量

今日的積累．明日的能量

一字一句．一思一行

今日的積累·明日的能量